In Between

In Between

M. Anderson

Bibliografische Information der
Deutschen Nationalbibliothek:
Die Deutsche Nationalbibliothek verzeichnet diese
Publikation in der Deutschen Nationalbibliografie;
detaillierte bibliografische Daten sind im Internet
über http://dnb.dnb.de abrufbar.

Cover und Illustration: M. Anderson
Verlag: BoD · Books on Demand GmbH,
Überseering 33, 22297 Hamburg, bod@bod.de
Druck: Libri Plureos GmbH, Friedensallee 273,
22763 Hamburg

ISBN 978-3-7597-2092-4

Für all die Stimmen
die nicht gehört werden.

Kapitel

„One reads poetry because he is a member of the human race, and the human race is filled with passion! Medicine, law, banking – these are necessary to sustain life. But poetry, romance, love, beauty? These are what we stay alive for!"

- N.H. Kleinbaum, Dead Poets Society

LIEBE

„I think you know how to love better than any of us.
That's why you find it all so painful."

- Phoebe Waller-Bridge, Fleabag: The Scriptures

Nebel

was ist es das wir *Liebe* nennen?
ist es das Gefühl
das ich bekam
wann immer meine suchenden Augen
dich erblickten
ein Gefühl des

Ankommens

oder waren es all die betörenden Worte
welche du mir nachts nackt im Bett zuflüstertest

war Liebe dieser eine Moment
bevor du gingst
in welchem du dich
noch ein letztes Mal zu mir umdrehtest?

oder war es Liebe als du es nicht mehr tatst?
als du gingst
ohne dich ein letztes Mal zu mir umzudrehen

als deine Worte mich nachts nicht mehr erreichten
und meine suchenden Augen nie Ruhe fanden

sage mir
war *das* Liebe?
denn wenn *Du* Liebe warst
wünschte ich
ich hätte niemals

geliebt

du sahst mir beim Brennen zu
obwohl du den Eimer Wasser in deiner Hand hieltst.
meine Asche zu deinen Füßen
und keine Liebe in deinem Herzen

keine Reue in deinen Augen
denn ich gab zu viel
und du zu wenig

doch am Ende
gebrannt habe *Ich*

du bist meine Welt.
mein Ein und Alles.
für immer und ewig.

wie kann man nur so empfinden
und sich danach nicht wie ein Lügner fühlen
wenn es zu Bruch geht?

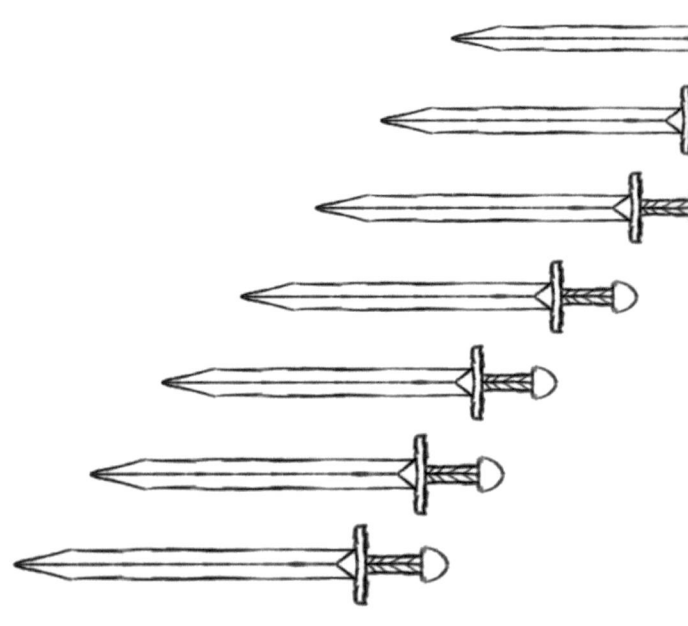

LIEBE ist fehlerfrei;
der MENSCH ist es nicht.

dich zu lieben war eine Achterbahnfahrt.
ein Sprung von einer Klippe
immerwährend fallend
kleine Nadeln in meinem Herzen

aber auch Schmetterlinge in meinem Bauch
süßer Kakao aus billigen Bechern und
deinen Geruch an meinem Schal

dich zu lieben war falsch
denn dein Herz war längst vergeben
und doch gabst du mir Hoffnung

dich zu lieben hat mich gebrochen
und dennoch hob ich jedes Teil wieder auf

wenn du mich nicht liebst
wieso siehst du mich dann so an?

wieso berührst du mich
mit dieser Wärme und Sinnlichkeit?

wieso betörst du mich
mit deinen Worten?

wenn du mich nicht liebst
dann hör auf
bitte hör auf

in jemanden verliebt zu sein
der die Gefühle nicht erwidert
ist wie der Versuch unter Wasser zu atmen.
oder mit kaputten Lungen
auf den höchsten Berg zu steigen
nur für diese eine besondere Blume

dir wird die Luft ausgehen
und du wirst sterben
in der Hoffnung
dass sich vielleicht doch noch alles ändert

zu blind
um die Wahrheit zu erkennen
zu töricht
um vorher umzukehren

ich gab dir eine LILIE
doch du wolltest eine ROSE.

sind wir zum Tode verdammt
wie Romeo und Julia
auf das unsere Liebe
jeden mit sich
in den Abgrund reißt?
ein Flirt mit Todesversprechen?

werde ich den Verstand verlieren
wie Ophelia?
und du dich todunglücklich
und voller Hass
in einen Kampf stürzen
wie Hamlet?

sind wir so berechenbar?
ist unsere Liebe so *falsch*?

vielleicht in einem anderen Leben.
vielleicht haben wir dann eine Chance

in einem Leben
in welchem mein Herz nicht gebrochen ist
und die Stücke umgeben von einer meterhohen Mauer

in einem Leben
in welchem du nicht
an deiner unerwiderten Liebe zerbrichst

vielleicht in einem anderen Leben
einer anderen Zeit
können wir beide lernen
was wahre Liebe bedeutet

mein Herz verlangt es nach Gefühlen
die tiefer reichen
als flüchtige Liebschaften
und die Sehnsucht nach etwas
das es niemals hatte.

doch ich bin es wert geliebt zu werden.
jeder ist es wert

ich verdiene die Art von Liebe
mit langen Umarmungen
Stirnküssen
Lachanfälle an den unpassendsten Orten
Blumen und Torte
einfach nur so
angeregte Gespräche
über alles
was uns in den Sinn kommt

eine Liebe
auf die man am Ende seines Lebens zurückblickt
und keinen einzigen Moment bereut

genau das
und nicht weniger

Vertrauen

die Schneeflocken tanzten in der Luft
als ich dich zum ersten Mal sah.
dein Haar im vollkommenen Kontrast
zum Weiß des Himmels

alles schien sich zu verlangsamen
Stille
nur mein pochendes Herz
und das Feuer in deinen Augen

lange Zeit standen wir nur so da
und bewunderten voller Ehrfurcht diesen Moment

es war der erste Schnee im Jahr

ich fühle mich wie in einem
zu schnellen leidenschaftlichen Tanz
- mir droht schwindelig zu werden.

wenn ich dir sagte
du seist die Luft in meinen Lungen
und die Essenz meines Daseins
würdest du mir den Rücken kehren?

voller Angst
voller Überwältigung

wäre ich dir zu viel?
wäre meine Liebe für dich
wie eine Feder auf deiner Haut?
für den Moment berauschend
doch dann gejagt von dem Verlangen
es zu überschreiben
es auszumerzen

könnte ich dich überreden?
sollte ich dich überreden?

nein
denn würde ich dich überreden
dann wären wir beide gefangen

so warte ich
warte auf die Person
welche meine Liebe mit offenen Armen begrüßt

du musst mich loslassen.

wenn du es
nicht mehr willst
dann stoße
mich fort

du weißt gar nicht
wie sehr ich es will
und wie sehr ich es brauche

doch befürchte ich abhängig zu werden
wenn du jetzt nicht loslässt
und das bereitet mir unheimliche Angst

aus meinem Munde die Lüge
in meinen Taten die Wahrheit.
gäbe ich mich so
wie mein Herz sich fühlte
würdest du mich dann verlassen
wie die Sterne den Tag?

Götter hört mich an
vernehmt den Ruf meiner Stimme
und das Klagen an euren Toren

- DENN WENN NICHT ER
DANN KEINER.

Hingabe

dich nur zu *sehen*
würde mir nicht einmal in tausend Jahren reichen.

was sind Augen im Vergleich zu Händen
welche sich jede kleinste Wölbung deines Körpers
einprägen
wie ein Wanderer sich seinen Pfad

eine Nase
die deinen sinnlichen Duft einatmen kann

einem Mund
der deinen Namen sagen kann

dich nur zu sehen ist nicht genug
meine Augen werden deiner nicht gerecht

ich möchte dich fühlen
riechen
schmecken
ich möchte deinen Geruch
und das Gefühl deiner Haut auf meiner
in meine Seele eingravieren

auf das ich dich erkenne
ohne auf meine *Augen* zu vertrauen

du bist für mich wie regnerische Filmabende
eingekuschelt in weichen Decken.

wie Wassertropfen
die die Fensterscheibe hinunterfließen
und man seinen Favoriten anfeuert

du bist das knisternde Feuer im Kamin
an zauberhaften Wintertagen

und die tanzenden Schneeflocken
welche jedes Geräusch verstummen lassen

du bist ein Teil meiner Seele
und Grund meiner Existenz

meine Liebe
mein Leben

meine Begierde riss mich mit sich
wie ein Fluss.
die Strömung immer stärker werdend
bis ich unter ihm lag
wimmernd um Gnade

ich wusste
dass du der Richtige warst
als du vorschlugst
wir könnten doch einander vorlesen.

wenn du die SONNE wärst
dann wäre ich der Mond.

du fröhlich
warm
und das Leben in Person
deine Augen funkelnd
und die Seele eines Kindes
ich melancholisch
kalt
und doch das Licht in der Dunkelheit

dürfte ich eine der Sternschnuppen
für mich beanspruchen
so würde ich mir wünschen
stets an deiner Seite zu sein

trotz jeder Physik
trotz jeder Vernunft

wenn du mich *Dein* nennst
dann wäre ich Dein
bedingungslos
für immer

so bitte ich dich
meine Welt
die Sonne an meinem Horizont
lass mich *Dein* sein

dein
    MOND

wie gern würde ich mich durch deine Augen sehen.
denn du musst verstehen
die Meinen betrügen mich

wenn du sagst ich wäre wunderschön
denke ich daran
wie mein Bauch nicht flach
meine Arme breit
und meine Zähne zu groß sind

also was ist es das du siehst?
was erblicken diese liebevollen Augen
die mich mit voller Bewunderung beobachten

denn ich würde mich so gern durch deine Augen
betrachten
vielleicht
nur vielleicht
sehe ich mich dann auch so wie du mich siehst
und nicht durch die Stimme in meinem Kopf

nicht genug
nicht würdig

wie könnte man dich nicht lieben?

wie könnte man nicht dieses Lächeln lieben
diesen Mut
diese Augen
diesen Humor

deine Gedanken und Gefühle sind mein heiliges Buch
ich will mich nach ihnen richten
nach ihnen leben
für dich leben
ich wäre der Bösewicht
der die ganze Welt opfert
so komm in meine Arme und verweile einen Moment
verweile
bis die Welt ihr Ende nimmt
bis in die Ewigkeit

eines weiß ich:
stirbt meine SONNE
so wird niemals wieder TAG für mich.

es gibt keine Sprache auf dieser wunderschönen Welt
in welcher ich dir meine Liebe erklären könnte.
keine passenden Worte für:
jeden Schwung deiner Lippen
jede Facette deiner Gedanken
jeden Schimmer des Himmels
in deinen Augen und
die Sinfonie deiner Stimme in meinen Ohren

ich müsste sie erfinden
damit du verstehst

du könntest es noch so oft sagen
oder schreien.
du könntest es mir immer wieder beweisen
und doch würde ich dir insgeheim nicht glauben
wenn du mir sagtest
dass du mich liebst

andere würden sagen:
einen Penny für deine Gedanken

aber ich würde meine Seele verkaufen
um zu erfahren was in
deinem Kopf vor sich geht.

ich würde dich lieben
bis die Welt ihr Ende nimmt.
bis wir Staub in einer unendlichen Galaxie sind

ich würde dich in jedem Leben finden
und in jedem lieben
denn das
was uns verbindet
ist nicht gebunden an Raum und Zeit

ich würde dich berühren
wie es keiner zuvor getan hat
und deine Lippen küssen
als könnte es das Letzte sein
was ich tue

du bist meine verbotene Frucht
im Garten
welchen wir uns gemeinsam erschufen

ich will meine Zähne in deinem
Fleisch spüren.

meine Abdrücke auf deiner Haut
ich will dich markieren und
ganz auskosten
bis zum letzten Atemzug

wie ein Raubtier seine Beute
nur geleitet durch primäre Triebe

JEDE ZELLE MEINES KÖRPERS
TRÄGT DEINEN NAMEN.

jeder Schönheitsfleck auf ihrem Körper
ist eine Stelle
auf welcher sie in ihrem letzten Leben
geküsst wurde.

also werde ich in diesem
genau dasselbe tun

ich werde jeden Fleck finden
und jeden küssen
und für ihr nächstes Leben
neue hinterlassen

auf das ich auch in diesem
alle finden und küssen werde

liegend auf einer Wiese
mitten im Nirgendwo
umgeben von Gänseblümchen
und der Duft eines Sommergewitters
in der Luft
deine Hand in meiner
und die Welt wäre perfekt.

sollte ich jemals weinend auf dem Boden liegen
eingerollt wie ein Igel
dann lass mich dort liegen und leg dich zu mir.
ohne ein Wort zu sagen

lass mich fühlen was ich fühle
denn ich bin nichts
was du reparieren musst

vertraue
dass ich wieder aufstehe
wenn ich so weit bin

und falls nicht
dann wirst du es erfahren

die Anstrengung des Tages
lag mir in den Gliedern.
doch als du in meinen Armen einschliefst
und auf deinen Lippen dieses zufriedene Lächeln
da war ich mir sicher:
würde jetzt die Welt untergehen
hätte ich alles richtig gemacht

neben dir zu liegen
ist die Sonne neben sich zu haben.
deine Wärme umhüllt mich wie eine Bettdecke
nach einem langen und anstrengenden Tag

höre ich deinen gleichmäßigen Atem
neben mir
dann weiß ich
ich bin zuhause

und halte ich deine Hand
während wir beide friedlich einschlafen
so sind es unsere Herzen
die im Einklang füreinander schlagen

manchmal
möchte ich dich auch einfach
nur küssen.

bis mir meine Lippen weh tun
und mir ganz schwindelig wird

ohne den Zwang
dass es weiter gehen muss als
ein Kuss

Er ist mein Leben.
meine Luft
mein erster Gedanke nach dem Aufwachen
und mein letzter vor dem Einschlafen
er ist meine SONNE
und ich sein MOND

sie spielten Jazz auf den Straßen
in einer angenehmen Sommernacht.
der Mond strahlte am Himmel und
die Lichtergirlanden über den Wegen

es war *Liebe*

wie sie tanzte
als wäre sie
die Einzige auf der Welt
wie jede ihrer Bewegungen
Künstler zum Weinen und
jeden Ungläubigen zum Glauben brächte

berauscht von der Musik hielt ich inne.
und da sah ich ihn
mit einer einzigen rote Rose
in der Hand
und Augen
welche Bände sprachen
alles und jeder verschwand
es gab bloß uns

ist die Rose für mich?

es war Liebe

WURZELN

„I sat with my anger long enough until
she told me her real name was grief."

- C.S. Lewis

die Kälte biss in meine Ohren.
vor mir die Lichter der *Stadt*
hinter mir *Zuhause*
und ich wusste
ich gehörte zu keines von beiden

Empathie ist ihre eigene Tragödie.
denn ich weiß
weswegen du es tust
ich fühle was du fühlst
und dabei vergesse ich mich selbst
so lange
bis ich realisiere
dass ich mitten im Ozean stecke
ohne zu wissen
wo oben und wo unten ist

bitte sag das du stolz auf mich bist.
ich verlange nicht viel
nur diese Worte direkt zu mir

diese Aufmerksamkeit
diese Anerkennung
das „gesehen – werden"

ICH WILL GESEHEN WERDEN

manchmal frage ich mich
ob ich eine ENTTÄUSCHUNG
für dich bin.

wie kommt es
dass deine Worte
immer am meisten
weh tun?

denn ich weiß
wo ich dich treffen muss
damit es schmerzt

alles wäre einfacher
ja, sogar harmonischer
würde ich meinen Mund
nicht aufmachen.

denkst du manchmal
dasselbe wie ich?

bin ich verantwortlich
für deine Unsicherheit?

vielleicht sind wir zwei Magneten
jedoch auf der falschen Seite
dafür bestimmt
uns ein Leben lang voneinander wegzustoßen

ich denke oft
wäre ich nicht deine Tochter
dann wäre ich das Monster
in deiner Geschichte

der Druck zerfrisst mich von innen.
all die Erwartungen
die erfüllt werden müssen
all die Stimmen in meinem Kopf

ich will schreien
lasst mich in Ruhe!
denn ich weiß es nicht

eure Liebe und Fürsorge zerdrücken mich

ihr füttert meine tiefsten Ängste
mit euren Worten

seht ihr nicht
dass ich nicht mehr kann?

faul
Faul
FAUL

bin ich faul?
sehen die Menschen
nur das und nicht mehr
- nie darüber hinaus?

Menschen
welche sich nicht die Zeit nehmen
mich kennenzulernen
und es doch besser wissen müssten

lasst mich Fehler machen.
denn wenn ich falle
dann wegen mir

dann wegen meinen Entscheidungen
und nicht wegen den euren
die ihr für mich traft

nichts fühlte sich befreiender an
als das erste Mal
als ich eine Entscheidung
einzig und allein für mein Wohl traf.

und ich wusste
dass noch viele folgen würden

denn ich fing an
mein Leben
für *mich* zu führen

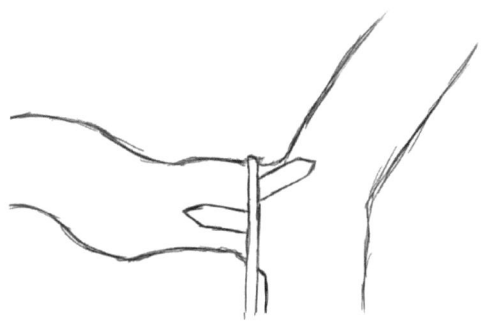

Erwachsenwerden ist
das Bedürfnis
das jüngere Selbst deiner Mutter
in die Arme zu nehmen
und ihr all die Liebe zu geben
die sie nie hatte.

es ist schwer Liebe zu entdecken
wenn man nicht weiß
wonach man sucht.

es in Worte ausdrücken
kann so gut wie jeder
- doch Menschen können trügerisch sein
aber Liebe selbst in den kleinsten Dingen zu sehen
ist eine Kunst

der Kaffee
welcher früh neben deinem Bett steht

jede Umarmung und Zuspruch
wenn es dir schlecht geht

Lieder und Videos mit der Aussage:
ich habe sofort an dich gedacht

kleine Sticheleinen und
das gemeinsame Lachen über die sinnlosesten Sachen

Gesten und Phrasen
die man von einer Person annimmt
die man wirklich gern hat

aus seinem Komfort gehen
für deren Freude und Wohl

wenn man aufmerksam genug ist
und es auch wirklich sehen will
dann wird man fündig

denn die Bedeutung von Liebe
in drei kleine Worte zu packen
wird ihrer nicht gerecht

DAZWISCHEN

„Either grant me the bliss of the ignorant
or give me the strength to bear the knowledge."

- Elif Shafak, The Bastard of Istanbul

es ist beinahe lachhaft
wie ich jetzt zurückblicke
als wäre es nie geschehen
denn ich bin IMMER NOCH da.

die Dunkelheit tat mir immer gut
doch jetzt verschlingt sie mich.

wenn nur die Angst bleibt
wo ist dann der Sinn zu leben?

dabei habe ich nur ANGST.
ANGST vor der Ungewissheit
ANGST vor dem Leben
ANGST *allein* zu sein

ich dachte zu viel nach;
über alles und jeden.

ich kümmerte mich
und sorgte mich

an manchen Tagen fühlte es sich an
als würde die Last der ganzen Welt
auf meinen Schultern ruhen

ich fühlte zu stark und fühle nun nichts
gefangen zwischen dem was war
und dem was sein könnte

ich möchte fragil sein.
zerbrechlich
jemand
bei dem man das Verlangen bekommt
zu behüten
wie eine kleine Figur aus feinstem Porzellan

wenn ich klein und zerbrechlich wirke
vielleicht würde ich dann *beschützt* werden

vielleicht sogar *geliebt*

früher habe ich von dem *einen* geträumt.
derjenige
der die Prinzessin rettet
und beide glücklich
bis zum Ende zusammenleben

doch die Realität ist hart
und alles ist eine Lektion
die die *Prinzessin* schließlich zur *Königin* macht

doch hofft die *Prinzessin* in mir
noch immer auf den *Einen*
der sie letztendlich retten kommt

Liebe ist wie ein Bahnhof.
die Züge kommen und gehen
auf den einen wartet man schon zu lang
für den anderen kommt man zu spät

manche kommen nie
und ein paar immer zum rechten Zeitpunkt
sehr oft wird man enttäuscht
und dann kommen die Zweifel
warum man es denn überhaupt noch versucht

doch soll es vorkommen
dass man überrascht wird
manchmal muss man einen Zug verpassen
um danach den besseren nehmen zu können

denn die Liebe ist wie ein Bahnhof
und immer die Ankunft zu kennen
ist doch langweilig

oder?

selbst wenn ich könnte
würde ich nicht die Zeit zurückdrehen.

denn all meine Schritte
machten mich zu dem Menschen
der ich heute bin

und als ich dastand
und über die Welt
und ihre Geschichte nachdachte
wurde mir bewusst
dass meine Existenz unbedeutend ist.

die Welt dreht sich
das macht sie heute
und das wird sie morgen immer noch

wie einsam kann ein Mensch sein
ohne Schaden zu nehmen?
wie gebrochen kann man sein
ohne zu zerbrechen?
wieviel Leid kann man ertragen
ohne die Hoffnung zu verlieren?

die Zeit rast an mir vorbei
ohne jede Möglichkeit durchzuatmen.

ALL DIE IDEEN UND TRÄUME
DIE STERBEN MUSSTEN
DAMIT DU ERWACHSEN SPIELEN KANNST.

gefangen in meinem Kopf
mit Worten gefährlicher
als es Waffen jemals sein können.

ich kann mich nicht vor der Angst
in mir Selbst verstecken
also wohin soll ich fliehen?

woher soll ich WISSEN was ich WILL
wenn ich noch nicht GELEBT habe?

mein alter Freund der Tod
besuchte mich in jener Nacht.

ich erzählte ihm vom Mond
und er mir von der Sonne

er erzählte vom Leben
wie eine vergangene Liebe
und ich von der Schönheit
zu sterben

er sprach mit mir wie ein Kind
das nichts wusste

doch ich wusste

und er kam und besuchte mich

ich sprach vom Mond
und er von der Sonne

immer wieder
wie ein *Versprechen*

sagt mir
was ich machen soll.

denn wie mir scheint
mache ich es falsch

wie ein schwarzes Loch
zieht mich die Leere in sich hinein.

könnte ich
dann würde ich in meinen Körper zurückkehren
ich würde meinen Geist wieder an ihn binden
und in ihm leben
nicht nur existieren

ich würde das tun
wovon ich immer rede
und an das ich immer denke

ich würde sagen
was ich fühle
und die Welt wieder durch die Augen
eines Kindes betrachten

ich würde Ich sein
würde mir keine Gedanken über die Zukunft machen
weil ich weiß
dass wir nur das *Jetzt* haben

ich würde aufhören
meinen Körper zu kritisieren
ich würde aufhören
mich selbst zu hassen für die Liebe
welche ich trage
und die
die ich brauche
denn ich bin ein müdes Wesen
dessen Geist verschlungen wird von
der *Leere* seines *Selbst*

alle sagen

finde das
was dir Freude bereitet
und gleichzeitig Geld bringt.

aber ich zweifle daran
dass so etwas für mich überhaupt existiert

bin ich zu stur
und jage nur Träumen hinterher?

sehen die anderen etwas
was sich vor mir noch verborgen hält?

oder ist es
in meiner eigenen Geschichte
okay
die Regeln zu missachten?

wie kann ich Befriedigung in der Arbeit finden
wenn sie mir meine Zeit raubt?

ich wanderte zwischen den tiefsten Ecken
meines Kopfes umher
auf der Suche nach Antworten
auf Fragen
welche ich nicht kannte.

Manipulation ist die süßeste Folter.
gefüttert mit liebevollen Worten
wie ein zweischneidiges Schwert
eingehüllt in Watte

und so *unscheinbar*

doch eh man sich versieht
sind Kopf und Herz
gefüllt mit Gift

Gift das so normal scheint
so nach *Liebe*

du ignoriertest meine Rufe
meine Angstschreie.
du warst nie da als ich dich brauchte

also glaub mir jetzt
wenn ich sage
dass ich es probierte
mit all meiner Kraft

doch die Rufe
die ich vernahm
waren nicht die deinen
sie waren von IHM

über all die Jahre war es ER
und ich stieß ihn weg
wegen *dir*

ich soll verdammt sein
sollte ich dir jemals
vergeben.

jedoch vergebe ich mir selbst

denn ich ließ dich zu mir
und schenkte dir Vertrauen
wo keines gewollt war

die angenehme Kälte umhüllte mich.
die Luft so eisig
dass mein Atem erfror

es war Liebe

schon an dem Tag
an welchem ich das Licht der Welt
zum ersten Mal erblickte
so *gefährlich*
so *wunderschön*

liebte ich den Winter
weil der Schnee alles gleich aussehen ließ?
oder weil die Lichter
noch heller schienen
als in jeder anderen Jahreszeit?

oder war es wegen der Kälte
welche mir immer wieder bewies
dass ich tatsächlich *noch lebte?*

ein Vogel müsste man sein.
hoch oben über den Wolken schwebend
so weit
wie die Flügel einen tragen
tun was man will
nur getrieben von Instinkten

dem Sonnenaufgang
sein schönstes Lied widmen
und den Abendhimmel
mit aufgeplustertem Gefieder beobachten

der König der Lüfte
und Sinnbild für Freiheit

ein Vogel müsste man sein

die einzige Stille war in mir.
ich könnte rennen wohin ich auch wollte
und würde sie doch niemals anderswo finden
als in mir

ein Arzt kniete sich vor mich nieder
senkte seinen Kopf
und berührte vorsichtig meinen Arm

- etwas tief in mir erwachte
in diesem Moment.

es scheint
als steckten wir fest
doch unser Weg
belehrte uns eines Besseren.

all das
was für dich bestimmt ist
wird dich nicht verfehlen.

aber ich bin es leid
zu warten

Geduld lehrt uns Dankbarkeit

der Mensch ist nicht dafür geschaffen
in einem System zu existieren
in welchem der Geist angekettet
und Freiheit eine Illusion ist.

wir sind auf dieser Welt
um zu leben

wir sind der Funke einer wundervollen Idee
platziert in einer Gesellschaft
ohne Sauerstoff

ICH KANN NICHT *ICH* SEIN
IN DIESEM KÖRPER.

doch ich bin nur ein Mädchen
dass ein Junge sein will
der dich liebt.

wie kommt es
dass meine Stimme versagt
immer wenn ich sie am meisten bräuchte?

wie wortkarg ich werde
wenn es darauf ankommt

Stimme so rette mich!
Worte kommt zu mir!

wie kann ich schreiben
aber nicht sprechen?

wann fühlen wir uns am lebendigsten?
wenn das Adrenalin durch unseren Körper rauscht?
wenn Blut unsere Haut benetzt
und nur der Schmerz bleibt?
wenn Angst und Euphorie zu nah
beieinander liegen?
müssen wir erst dem Tod nah sein
um uns lebendig zu fühlen?

ich werde mich nie lebendiger fühlen
als in der *Stille*
in dieser bemerke ich erst
dass alles um mich herum lebt
die Blumen auf der Wiese
die Tiere im Wald
die Menschen an meiner Seite
Ich selbst

eine Pflanze kann im Chaos wachsen
aber nur in Ruhe
ihr wahres Potential entwickeln

in der Stille kann sie wirklich *leben*

schaut auf die Welt
und hört
lauscht dem Lied des Lebens

und merkt
dass es der Mensch ist
welcher nach seinem eigenen Takt spielt.

wie können wir alle im Angesicht
des unvermeidlichen Todes
so leben
als hätten wir nicht nur
dieses *eine?*

an Sommertagen wie diesen
scheint die Zeit anzuhalten.
die Bienen fliegen langsamer von Blume zu Blume
die Schmetterlinge machen länger Rast
die Vögel zwitschern lauter und erfüllter
die Blumen sind in voller Pracht
und das erste Gemüse ist reif

du siehst die Menschen wieder in den Parks
an den Seen
auf Wanderwegen
zusammen mit Familie
Freunden
Geliebten
du siehst sie lachen
essen und reden
in Stille lesen
und einfach *Mensch* sein

du hörst sie in ihren Gärten und auf den Straßen
wo sie musizieren und tanzen
und das Leben in vollen Zügen genießen
wo sie Grillabende und Feste veranstalten
und so lange aufbleiben
bis die Sonne untergegangen
und der Mond am klaren Himmel steht
und sie reden bis tief in die Nacht hinein
weil an solchen Sommertagen die Zeit anhält
und bloß der *Moment* zählt

Heilung ist nicht geradlinig
und kennt auch keinen Schluss.

ich kann dir nicht sagen
wie ich mich fühle
weil ich es selbst nicht weiß.

meine Versuche
meine Gefühle zu benennen
sind wie die eines Fisches
welcher versucht an Land zu atmen

die Welt ging in Flammen auf
und man erkannte
jeder brannte gleich.

denn das Feuer schert sich nicht um Besitz
oder Aussehen
Alter
gut oder böse

wenn das Leben durch die Hände rieselt
wie feinster Sand
ist die einzige und ultimative Kontrolle
es zu beenden.

doch wie freundlich muss der *Tod* einem scheinen
um ihm zu begegnen wie einen alten Freund?

Hoffnung ist eine Illusion
für all diejenigen
welche schon vor langer Zeit
dem Leben den Rücken kehrten
und doch nicht gingen

gefangen zwischen Welten
gefangen in der Vergangenheit
unfähig loszulassen

das Rauschen des Meeres erweckte in mir
die Sehnsucht nach *etwas*.
etwas
wovon ich dachte
es immer in mir zu tragen

RUHE

das Meer war mir zu laut

das angsterregendste
in der Dunkelheit
waren Geister und Dämonen

doch da kannte ich noch keine
lüsternen Männer.

verdammt sind die Träumer
sind die Denker und
die Künstler und Poeten.

verdammt sind sie
seit dem Augenblick
in welchem sie ihr Leben
nach dem Sinn fragten

Laternen leuchteten in den Bäumen
wie Sterne am Himmel
und das Licht spiegelte sich in deinen Augen wider
auf deiner Zunge nur eine Frage.

was willst du mit deinem Leben machen?

ich hatte keine Ahnung

was ist dein Plan B?

- es gibt keinen

entweder Plan A
oder mein persönlicher Untergang

in der Luft lag das Versprechen
eines Sommergewitters.

wenn sich dunkle Wolken
vor die Sonne schieben
die Luft statisch aufgeladen
und sich schließlich warme Tropfen
aus dem Himmel ergießen

in solchen Momenten
war ich nicht hier
sondern auf dem Weg in die Schlacht
für die Ehre meines Königreiches

oder eine Hexe auf der Flucht

eine Fee in ihrem Haus
welche sehnsüchtig wartet
bis das Unwetter vorbei zieht

oder eine Nixe
welche gerade die Piraten in eine Falle lockt

die Möglichkeiten sind unendlich

der Drang
mich selbst zu verletzen
war groß.

denn Schmerz
und Blut
waren meines Erachtens
die Strafe
welche ich verdiente

die Strafe für Hoffnung

Hoffnung auf ein besseres Leben
Hoffnung auf Rettung
Hoffnung auf Liebe

das Leben zerrinnt mir.
Tage verschwimmen ineinander
und eine Frage schwirrt in meinem Herzen

ja
oder
nein?

wenn mein Traum dazu bestimmt ist zu zerbrechen
dann wüsste ich es lieber früher als später

oder doch nicht

ich möchte nicht
dass dieser Traum
niemals mehr wird
als ein Traum

denn ich will
mit jeder Faser meiner selbst
dass es meine Realität ist

ich mache mich klein und unsichtbar.
keine Kraft
um gerade zu sitzen
keine Kraft
um mit gehobenem Haupt zu gehen

kann ich vergessen werden?
kann ich sie alle täuschen?

aber vielleicht muss ich sie nicht täuschen
vielleicht sind sie so beschäftigt mit ihrem Leben
um auf das meine zu blicken

wenn ich unsichtbar bin
existiere ich nicht
und wenn ich nicht existiere
binden mich keine Ketten mehr
nicht mehr gebunden an gesellschaftliche Normen
nicht an die Erwartungen meiner Eltern
an niemanden

ich wäre endlich frei

was ist
wenn es nicht für mich bestimmt ist?
wenn es nur der Traum
eines kleinen Kindes ist
das nie erwachsen wurde?

könnte es nicht sein
dass der Sinn des Lebens
einfach nur das Leben an sich ist?

mussten wir es so verkomplizieren
dass manche ihre Zeit lieber dafür nutzen
um dieser Frage hinterher zu rennen
ohne jemals auf die Antwort zu hören?

ich ging wie ein Dieb
mitten in der Nacht.
still
denn ich war es nicht wert
nicht wert
verabschiedet zu werden
nicht wert
etwas zu sagen

ich bereue nicht
dass ich ging
nur *wie* ich ging

denn ich war es wert
ich bin es wert

mein Kopf leer
und eine immer näherkommende Stimme
welche fragt

was wäre, wenn?
was wäre
wenn dies nicht deine Bestimmung ist;
wenn du dir das alles nur einbildest?

ich saß
und wartete.

mein Leben auf Pause
auf den Moment
der die Richtung
alles Weiteren
bestimmen würde

ich wäre ein See.
nicht zu tief
dass man ertrinken könnte
aber tief genug
um mit dem Boot
von einem Ufer zum anderen zu paddeln
in mir würden die verschiedensten Fische schwimmen
Frösche am Ufer leben
und Libellen würden fliegen
Tiere von meinem Wasser trinken und darin baden
Seerosen würden an der Oberfläche treiben
und Enten quaken

ich wäre irgendwo mitten im Wald
und der magischste Ort weit und breit

nur die
die nicht suchen
werden mich finden

aber die
die mich brauchen
kennen den Weg

ich bin es leid.
leid
mit diesen Blicken betrachtet zu werden
einer Mischung aus Mitleid und Wut
oder Neid?
als wäre ich das kleine Entlein
welches vom Weg abgekommen ist

o guckt
das arme Ding
dass nicht weiß
was sie mit ihrem Leben tun soll

- als wüsste es irgendjemand

ICH BIN DER KÜNSTLER
MEINER EIGENEN SCHÖNHEIT.

ich war besessen von der Vorstellung
jeden einzelnen meiner Knochen zu spüren.

mit meinen Fingern
über die dünne Haut darüber zu fahren

ich sah Kunst darin
- und wäre ich ihr nachgejagt
hätte es mich mein Leben gekostet

ich wusste
dass die Menschheit verloren war
als ich mit fünfzehn
zehn Kilo abnahm
und sofort alle freundlicher zu mir waren.

ich träumte von dir
in dieser Nacht

und erwachte mit dem Wissen
dass wir uns bald wiedersehen würden.

ich flehte den Tod an

bitte mach
dass es aufhört.

und er sah mich an
Mitleid in seinen Augen
und antwortete

nein

- denn das Leben
war noch nicht fertig mit mir

die Schönheit des Mondes
ist für die Träumer

und die der Sonne
für die Realisten.

ich hatte aufgehört
aktiv darüber nachzudenken
mir mein Leben zu nehmen.

überquerte aber Straßen
mit dem Motto

überfahren werden
ist eine Option

vom Schicksal getroffen.
zu tot
um zu leben
zu lebendig
um zu sterben

- In Between

Fortsetzung folgt …